AF492517

"ОТ 2 ДО 5"

Дата издания: 1 декабря 2023 г.

Авторы и иллюстраторы:
Алиса Волк и Лейла Волк

Дизайн и верстка: Елизавета Фомина

ISBN: 979-8-8689-8185-2

Добро пожаловать в удивительный мир Алисы и Лейлы – двух маленьких чудо-девочек из солнечного города Сан-Диего!

Когда девочки росли, их воображение бурлило, и они постоянно придумывали что-то очень смешное. А их мама не зевала и все записывала. Так и родилась эта книга.

Но это ещё не всё! Алиса и Лейла были не только талантливыми выдумщицами, но и невероятно творческими художницами. Их рисунки превращали обыденные белые листы в удивительные картинки, оживляя их и наполняя волшебством и живописными мирами. Рассказывают, что даже скетчи Леонардо да Винчи засмущались от такой конкуренции!

И вот, эти две маленькие фантазёрки приглашают вас в свой удивительный мир веселья и вдохновения. Вас ждут смешные истории и яркие рисунки в этой книге, созданной с любовью и улыбками Алисы и Лейлы.

Готовьтесь к урагану смеха и сюрпризов, ведь эту книгу они заполнили до отказа!

ВСЕ иллюстрации в этой книге были сделаны руками Алисы и Лейлы!

Алиса в ванной:
"Папа, я падлодная водка!"

- Пальчик болит.
- Ударилась?
- Нет, я плоста отгрызла эту беленькую, и пальчик исполтиуся...

- Алиска, носик дышит?
- Нет.
- Давай закапаем.
- Ой. Да-да, дысит!

Кузя, безим иглать!
Кофтацку не забудь.

Алиса, не трогай Кузю за хвост! Ему не нравится!
MEOW

Тебе не нлавица, а мне нлавица

Далекооо, далекооо, на лугу
пасуцця Ко!...
Апельсины.

– Мама, ты какую кан-
фету хоцесь?
– Такую.
– Ты сто!!!
Это зе для взлослых: для
миня и для папы.

Мама, дизи две луки за руль!
Скока лаз тибе гавалиць??

– Ой, Алиска, я устала тебя
носить.
– Я тозе устала.
– А ты чего?
– Устала насицца.

Мама, кто у тебя в животике? ■ ии ■ ?
А как её назовут?
Лейла
Лейла? Какая замечятельная идея!
?

«У кенгуру беби называецца
кенгурешечек или кенгуречек.»

Алиса ищет фен:
«Я хацу сюсыцца. Где ана, сюсялка??»

Писи, писи, выходите...
.... Не слысют.

Си-си-синок! На букву «си»!

?
Мам, у меня там КАЗЯВКИ
Вылезайте, казявки!
10

ОНИ ДУМАЮТ, СТО Я ДОМ
КАЗЯВКИ, Я НЕ ДОМ!
Я ПЛОСТА АЛИСЯ!

- Мама, я упала в садике.
Удалила каленку.
  - Погладить?
  - Тетя Оля узе пагладила.

- Там, где птички поют, деткам
спать не дают...
  - Мама, зацем не дают??

- Мама, ты пахнешь.
  - Чем?
  - Доблаеутлом...

«Мама зялябатывает
Алисе на кафеты. Двель
заклой, не месяй маме!»

алиска!
не слысу!

Кузя, скарей дамооой!
Хонана! Сяпку адеть и сярфик!

Ай-ай, Кузя, нельзя.
А то будет доктор и тебя
будет «нету ничего»!

О! Многа лузи!
Посиь пралетау!

- Мама, есь меня.
- Ам-ам-ам!
- Нет, снасяла пасали!

Кузя, телпи!
А то ты меня укусись...

Мама, у тебя нет хвостика.
Ты не Кузя.

23

И вот плисла лягуська,
савсем как кукулузька...

Легла, закрыла глаза:
"Я умерела, не месяй мне."

Поднимается с горшка, смо-
трит внутрь:
"Мама, я сделала длииииный
паравозь!.."

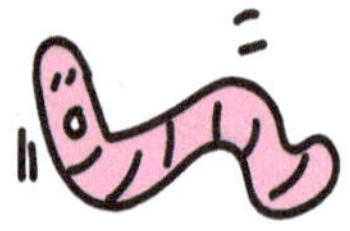

Алиса играет:
"Я - медвець-чиницель!
Я все магу пачиниць! Если
кто-то что-то сломает.
Ногу, например..."

- Алиска, где Кузя?
- Я его сцяс найду.
Я зе сисик!

Завтла к нам в гости плидет
калабок и сказет:
    «Ой, какие-вы все смесные!»

- Мам!
- Да.
- У всех есть попы!
У людей и у Кузи!
- ...

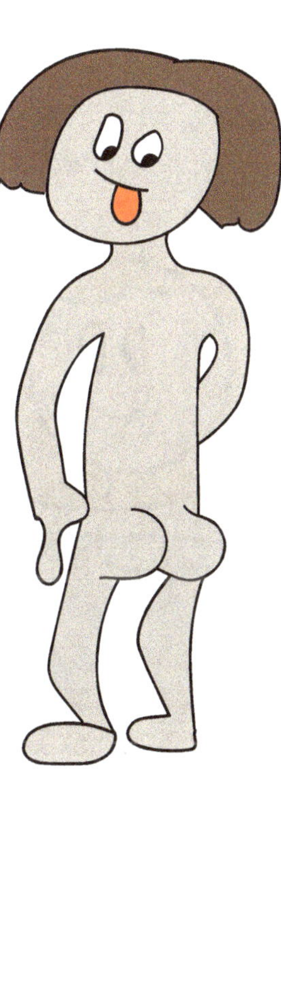

Мама, Кузя делает
из меня падушку!

ПОМОГИТЕ!
ПРР...

(Бабушка) – Раз, два, три, четыре, пять, я иду тебя искать. Ты уже спряталась?
(Алиса) – Да. Пад кравацию.

33

– Алиска, можно я попью твой сок?
– Да, только там мои микробасти.

(Мама обнимает Алису)
«Мама, если ты меня будешь так давить, я стану как блин.»

Пятница,
шестница,
семница...

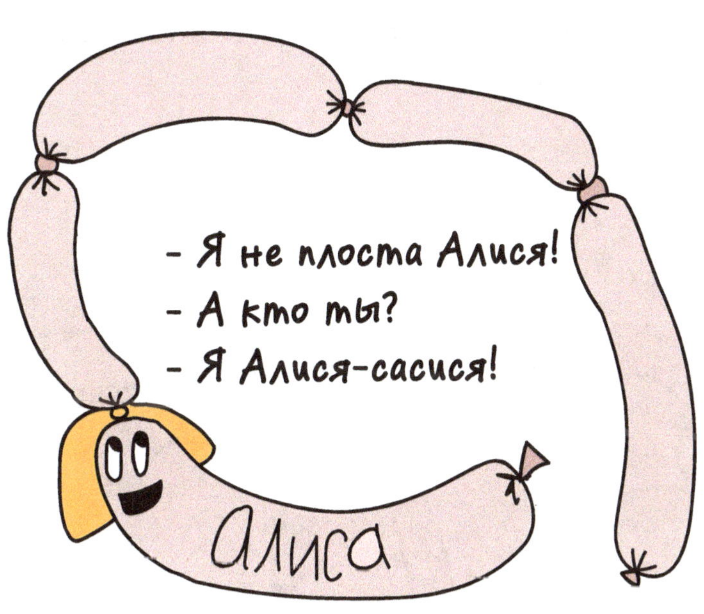
- Я не плоста Алися!
- А кто ты?
- Я Алися-сасися!
Алиса

- Паущек, на тебе мои ножки, стобы ты тозе мог быстро бегать.
- Но он же не сможет поднять твои ножки, он маленький.
- Ницево, мы ему сделаем плецики посыре.

- Мама, поймай меня.
- Поймала?
- А теперь ешь. Я свежая.

Нет, я не хацу спать.
Но цё-та глазки мои слипаюцца...

Толя постригся.
Алиса спрашивает:
  «Толя, пачиму у тебя галава голая?»

Папа, скажи, пожалуйста,
где тучки водюцца.

- Алиска, пошли в кафе.
- Мама, я бы очень хотела пойти
в кафе, но я так занята!..

- Мама, ты сильная?
- Да, но папа ешё сильнее.
- Ух ты! Он - гиря!

Я дочка пингвин, а ты
мама пингвинница.

Мама, Кузя снова оставил шерсть в нашем доме...

Hi

Мама, давай ты будешь волк, а я
– невкусная курочка!

Мама, кушай. А када не вкусно
- запивай сокам!

- Алиска, хочешь Йогурт?
- Канешна, хачу! Толька сейчас
чуць-чуць поплачу.

Лейла хотела съесть мою руку.
Полнастью!!! Но полнастью не
надо. У нее животик заболит. И
будет большой... Как у папы.

Мама, а как я у тебя из
животика вылезла?
У тебя что, в животике
была дверца??

- Мам, я в садике в новую кра-
ватку не памищалась.
- И что получилось?
- Палучилась, што ноги тарчали...

Перед сном:
"Мама! Быстра выклюци те-
лефон! Ещё раз увижу, что ты
включила телефон - сразу же... не
буду спать."

- Алиска, вставай.
- Неее, ещё рана.
- Какое рано? 8 часов уже.
- А мне чё-та рана...

Мама:
— Саша, отнеси Лельку в детскую, она разбудит Алису.
Алиса:
— Ницаво, ни разбудит. Я сплю.

— Мам, а циво мне дали такую бальшую ложку?
— Ну, ты же взрослая девочка.
— Што, уже??

— Мама, а что такое скунс?
— Это такое животное, которое пукает.
— Мама, не пукает! А выпрыскивает жидкость с неприятным запахом.

- Мама, а када ты была малень-
кая? Ва фторник или вечером?

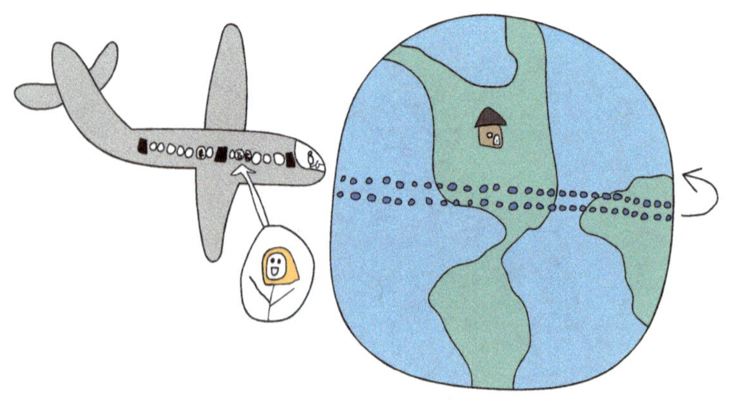

В самолёте:

— Мама, а што ета за знак?

— Курить запрещено. Так что не кури.

— У меня нет с собой.

— ....

- Алиска, хочешь клубничку?
- Да, и еще творожок и йогурт.
Я не лопну.

Мама снимает Алиске резинку.
- Мама, ну что, ты уже нарвала
сколько надо моих волосиков?

- Папа, ты зубки чистишь?
- Да, стараюсь, каждый день.
- Папа, язык тоже нужно чи-
стить. Чтобы он не отломался.

Уйду на улицу и буду не существуть.

Если бы у Кузи был
День Рождения, он бы надел
шляпку. Было бы смешно.
Но он не хочет.

- Мам, а почему Дед Мороз приходит к детям с подарками? Потому что он любит детей?

- Да, именно так.

- Но людоед тоже любит детей... Он их ест.

Мама, скоро будет Новый Год и к нам придет Дед Мороз. Только не тот, который дядя Дима, а настоящий.

- Алиска, а чего ты Деду Морозу сегодня не хотела рассказывать стихотворение? Ты его боялась?

- Да. Я не боюсь только Полининого папу, когда он переодевается в Деда Мороза.

- А сегодня приходил настоящий Дед Мороз?

- Нет.

- А кто?

- Какой-то дядя переодетый...

Мама, я хотела сделать людям приятное и принести бабушке Тамаре и дедушке Васе печеньки.

Но не смогла.

...потому что съела их.

Мама, я удивилась, как будильник прямо сразу быстро так...

Сидим в машине, слушаем музыку. Мама подпевает.
«Мама, не пой. Дай послушать. Дома попоёшь.»

- Мама, давай построим скворечник.
- Давай. Надо у папы попросить. Он умеет.
- Да. Папа у нас мастерин!

- Алиска, ты разговаривала сегод-
ня в школе по-английски?
- Да.
- И что ты им говорила?
- Не знаю пока.

- Мама, у всех людей есть
косточки?
- Да.
- И у Кузи?
- Да. Только у червяка нету.
- Да, нету. У него вместо косто-
чек матрас.
- ...

- Алиска, что Лёлька делает?
- Играется со мной. Ничего лишнего не ест.

Вот мы поедем
к дяде Андрею в гости.
А папа ему скажет:

здарова,
Братуха!

Мама

- Мама, сколько тебе лет?
- 34
- 34?????!!
- Да. Представляешь?
- Не могу...

- Мама, если я шучу, то ты постарайся смеяться.
- Хорошо. Хииихихи.
- Я ещё не шутила...

Алиска, тебе нравится в школе?
- Да.
- А как твои преподаватели? Не обижают?
- Нет.
- А ты их?
- Да.

Какая вкусная сметанка! Какие вкусные сырники! Я так на них набросилась!.. На чего набросилась, то и поела.

Мама, когда я буду, как ты, то мне придется большие трусы надевать...
XXS
XL

"Я никогда не ви-
дела, чтобы человек
так кусался за ногу!
(Алиса про Лейлу)

Мама, давай другую песню.
Эта расстройчивая.

Мама, а почему на заправке шарики? У нее сегодня день рождения??
Заправка родилась у заправки??

— Алиска, как у вас дела?
— Хорошо. Только я икаю.
— Попей водички.
— Не. Меня уже попытались испугать. Только никто не испугался...

- Мама. Кто-то погрыз мои ногти.
- ???
- Одна рыбка. Волшебная. Она умеет грызть всякие ногти. Все погрызла, один оставила.

Яблочки полезные. В них витамины. Если есть яблочки, не будет микробов. Микробы боятся витаминов.

Если койоты съедят Кузю,
они будут какать и он выле-
зет с какашками.

— Мама, ты знаешь, что такое
"enroll"?
— Да. "Записываться".
— Нет. Это значит "заходи,
кувыркайся!"

- Мама, ты не пробовала
хлебушек с яйцом?
- Нет.
- ...не пробуй.

- Лейла, у тебя совесть есть?
- Нет.
- А где же она?
- Там, где-то около Алисы.

- Леля, ты поела?

- Паела.

5 минут спустя...

- Мама, я хацу кусяць.

- Здрасьте, приехали!

- Ни здрасьцеплиехали! Кусяць хацу!!!

– Лейла, если увидишь красного муравья, ничего страшного, про- сто уступи ему дорогу.

- Алиса, это точно твоя щётка?
- Да. Я чувствую свои микробы.

- Алиса, не грызи ногти.
- Я не грызу! Я убираю лишнее...

- Мама! В пальчиках тоже есть косточки. А в голове - желудок!

- Алиска! Представляешь, Леля с понедельника пойдет с тобой вместе в американскую школу!
- Да?? И она будет говорить... по-человечески??!

Мама, зачем я такая жадная родилась?

Мама, я сейчас себя накрою - и меня будет нету!

- Ой. Мама. Что это на меня капнуло?
- Дождик.
- Дождик? А... Хорошо. Я думала, птица.

Мама, если я буду спать и
у меня будет рот открыт,
пожалуйста, налей водички
внутрь.

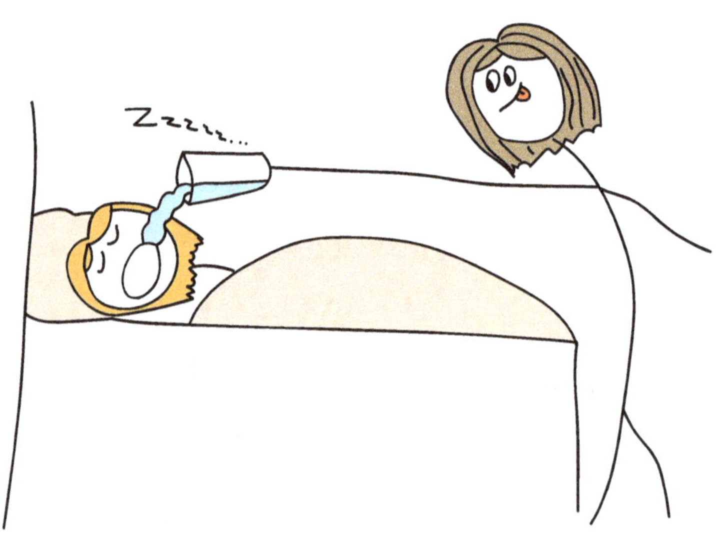

(Лёля)
- Мама, пусци!
- Ты куда?
- Кузю муцяць.

aryx!

"Мама, когда я чихнула, у меня вся еда высыпалась..."

89

Лейла, держи мою руку и стой около мамы. Чтобы на нас никто не наехал. А то если на нас наедут... то мы будем не такие уж красивые.

— Алиска, откуда у Лёльки вава на пальчике?
— Это она обо что-то острое околючилась.

- Мама. Ты нас хотела родить?
- Конечно.
- Вот и все. И тогда не говори нам, что делать...

КОНЕЦ